FULL SCORE
WSL-19-004
〈吹奏楽セレクション楽譜〉

おどるポンポコリン

織田哲郎　作曲
浅野由莉　編曲

楽器編成表		
木管楽器	金管・弦楽器	打楽器・その他
Piccolo	B♭ Trumpet 1	Drums
Flutes 1 (& *2)	B♭ Trumpet 2	*Timpani
*Oboe	*B♭ Trumpet 3	Percussion 1
*Bassoon	F Horns 1 (& *2)	…Timbales
*E♭ Clarinet	F Horns 3 (& *4)	Percussion 2
B♭ Clarinet 1	Trombone 1	…Tambourine
B♭ Clarinet 2	Trombone 2	Percussion 3
*B♭ Clarinet 3	*Trombone 3	…Glockenspiel, Xylophone
*Alto Clarinet	Euphonium	
Bass Clarinet	Tuba	
Alto Saxophone 1	Electric Bass	Full Score
*Alto Saxophone 2	(String Bass) ※パート譜のみ	
Tenor Saxophone		
Baritone Saxophone		

＊イタリック表記の楽譜はオプション

Spielen Musik.

おどるポンポコリン

◆曲目解説◆

　B.B.クィーンズの1枚目のシングルとしてリリースされたこの楽曲。大人気アニメ「ちびまる子ちゃん」の初代エンディングテーマ曲として使用されて以来、エンディングやオープニングで度々使用されてきました。日本人なら誰もが知っている超有名楽曲です。今回はそんな『おどるポンポコリン』が、吹奏楽譜になりました！キャッチーでポップなメロディーは、明るく華やかな吹奏楽のサウンドにぴったりです。知名度抜群の楽曲なので、幅広い演奏シーンで大活躍。振付やスタンドプレーなどの演出を加えて、楽しく元気に演奏してみましょう！

◆浅野由莉　プロフィール◆

　1988年大阪市生まれ、大阪市育ち。3歳より音楽教室に通い始め、5歳からピアノとエレクトーンを習う。小学生の時には、ピアノ曲の作曲を始めた。吹奏楽に出会ったのは中学生のときで、それ以来パーカッションを担当。高校では打楽器アンサンブルの作曲・編曲を、大学吹奏楽部では吹奏楽曲の編曲を手掛ける。
　現在も一般バンドなどで精力的に演奏活動を行いながら、吹奏楽の編曲に腕を磨く。また、合唱曲の編曲家としても活躍中。

おどるポンポコリン

織田哲郎 作曲
浅野由莉 編曲

おどるポンポコリン - 2

ご注文について

ウィンズスコアの商品は全国の楽器店、ならびに書店にてお求めになれますが、店頭でのご購入が困難な場合、当社PC&モバイルサイト・電話からのご注文で、直接ご購入が可能です。

◎当社PCサイトでのご注文方法

http://www.winds-score.com

上記のURLへアクセスし、WEBショップにてご注文ください。

◎電話でのご注文方法

TEL．0120-713-771

営業時間内にお電話いただければ、電話にてご注文を承ります。

◎モバイルサイトでのご注文方法

右のQRコードを読み取ってアクセスいただくか、URLを直接ご入力ください。

※この出版物の全部または一部を権利者に無断で複製(コピー)することは、著作権の侵害にあたり、著作権法により罰せられます。

※造本には十分注意しておりますが、万一落丁・乱丁などの不良品がありましたらお取替え致します。また、ご意見ご感想もホームページより受け付けておりますので、お気軽にお問い合わせください。

Oboe

おどるポンポコリン

織田哲郎 作曲
浅野由莉 編曲

Bassoon

おどるポンポコリン

織田哲郎 作曲
浅野由莉 編曲

E♭ Clarinet

おどるポンポコリン

織田哲郎 作曲
浅野由莉 編曲

04/17

おどるポンポコリン

B♭ Clarinet 1

織田哲郎 作曲
浅野由莉 編曲

B♭ Clarinet 2

おどるポンポコリン

織田哲郎 作曲
浅野由莉 編曲

B♭ Clarinet 3

おどるポンポコリン

織田哲郎 作曲
浅野由莉 編曲

Alto Clarinet

おどるポンポコリン

織田哲郎 作曲
浅野由莉 編曲

06/17

Bass Clarinet

おどるポンポコリン

織田哲郎 作曲
浅野由莉 編曲

Alto Saxophone 1

おどるポンポコリン

織田哲郎 作曲
浅野由莉 編曲

Alto Saxophone 2

おどるポンポコリン

織田哲郎 作曲
浅野由莉 編曲

Tenor Saxophone

おどるポンポコリン

織田哲郎 作曲
浅野由莉 編曲

Baritone Saxophone

おどるポンポコリン

織田哲郎 作曲
浅野由莉 編曲

B♭ Trumpet 1

おどるポンポコリン

織田哲郎 作曲
浅野由莉 編曲

B♭ Trumpet 2

おどるポンポコリン

織田哲郎 作曲
浅野由莉 編曲

B♭ Trumpet 3

おどるポンポコリン

織田哲郎 作曲
浅野由莉 編曲

F Horns 1&2

おどるポンポコリン

織田哲郎 作曲
浅野由莉 編曲

F Horns 3&4

おどるポンポコリン

織田哲郎 作曲
浅野由莉 編曲

Trombone 1

WindsScore
Spielen Musik.

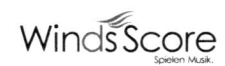

おどるポンポコリン

織田哲郎　作曲
浅野由莉　編曲

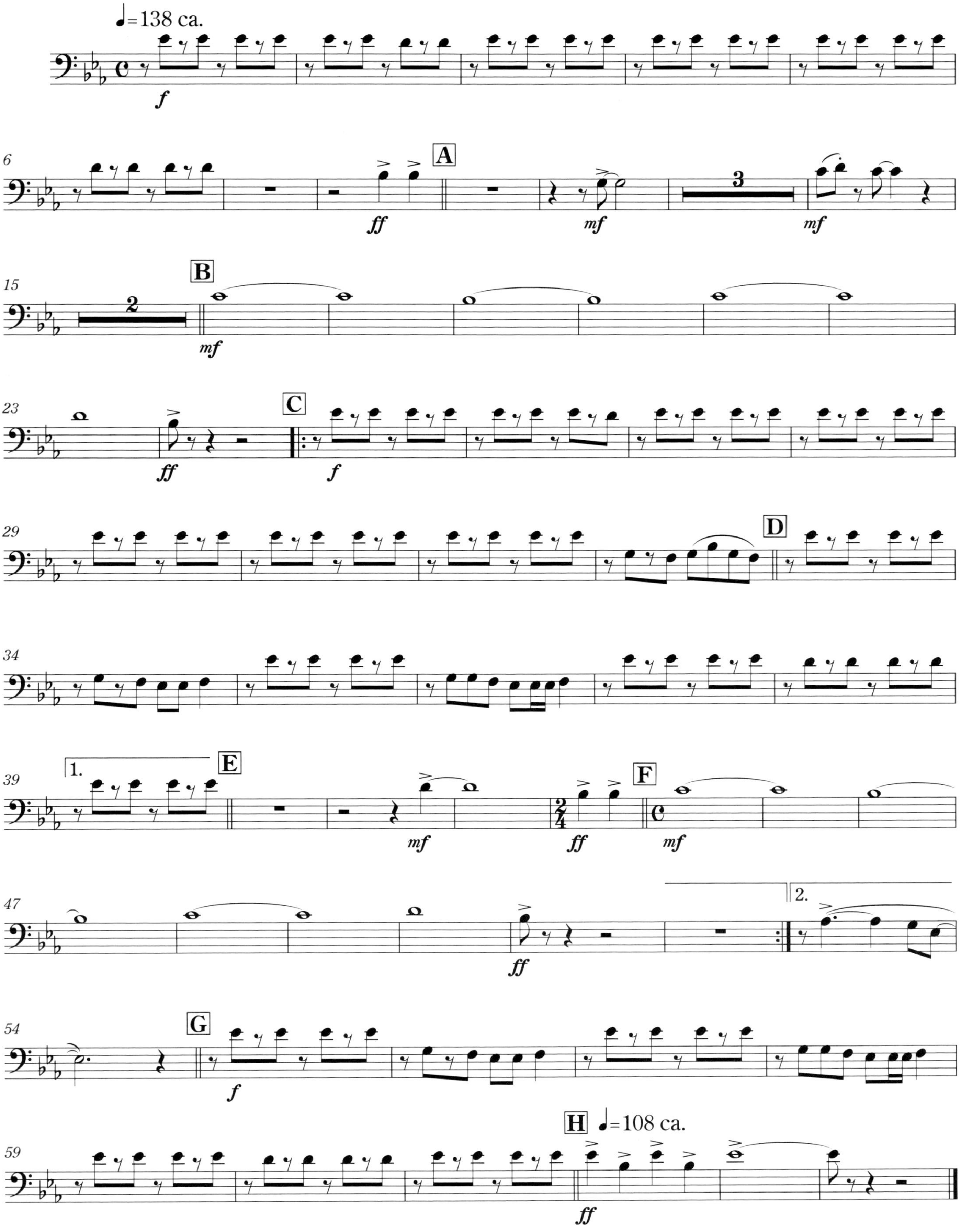

Trombone 2

おどるポンポコリン

織田哲郎 作曲
浅野由莉 編曲

Trombone 3

おどるポンポコリン

織田哲郎　作曲
浅野由莉　編曲

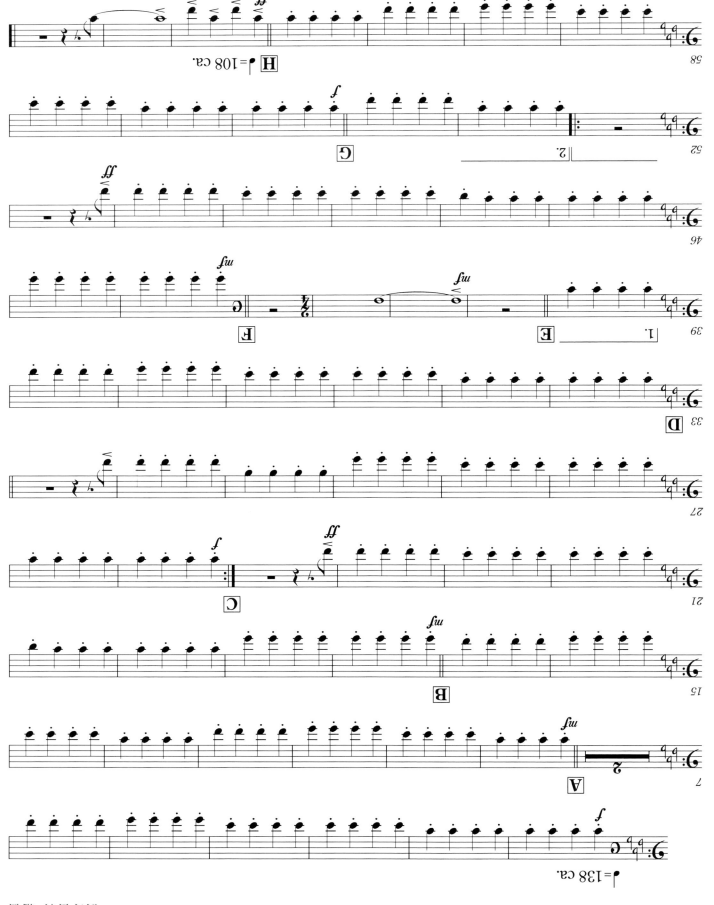

Electric Bass

WindsScore
Spielen Musik.

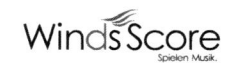

おどるポンポコリン

織田哲郎　作曲
浅野由莉　編曲

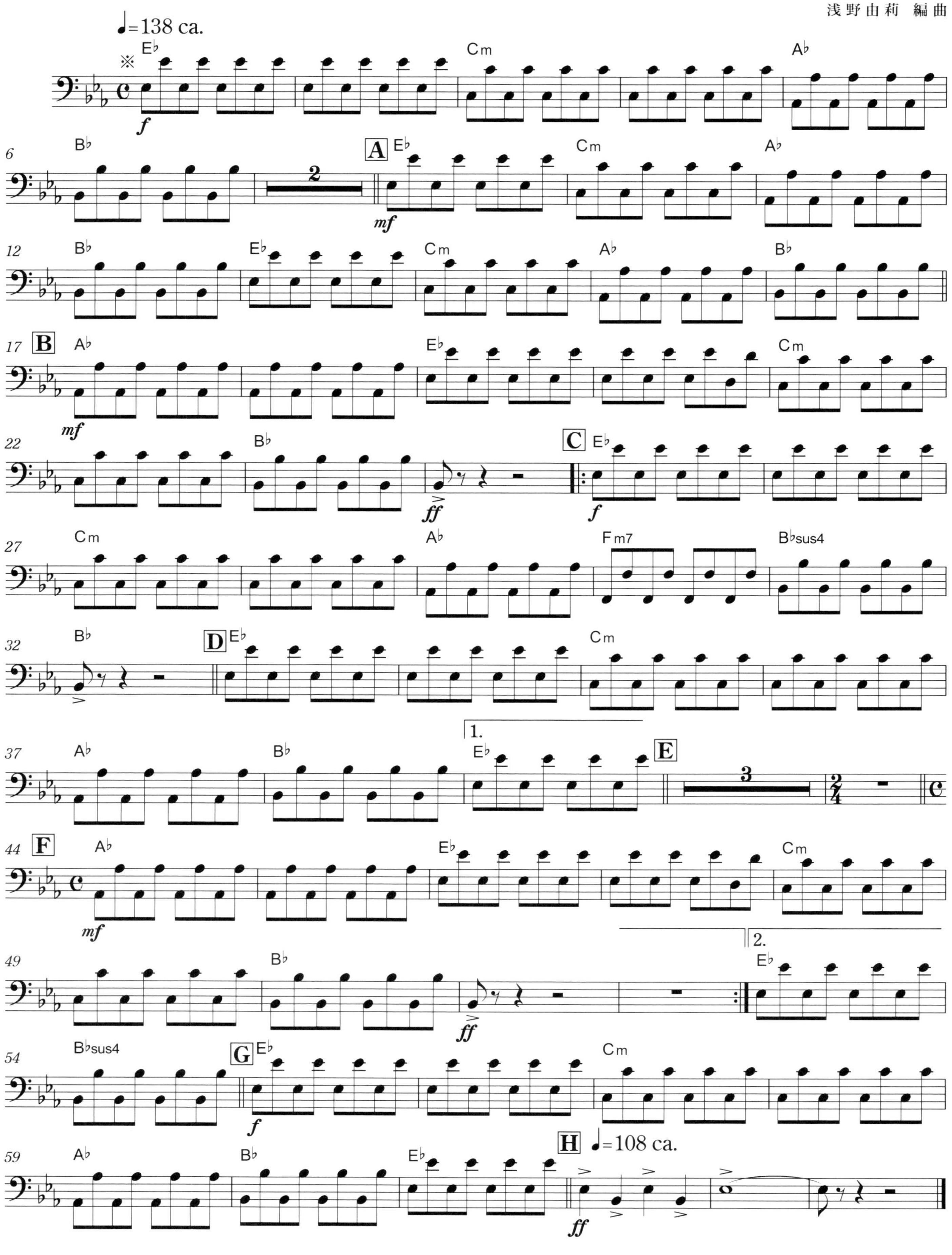

※…難しい場合は、上の音を1オクターヴ下げて同音連続で演奏しても良い。

String Bass

おどるポンポコリン

織田哲郎 作曲
浅野由莉 編曲

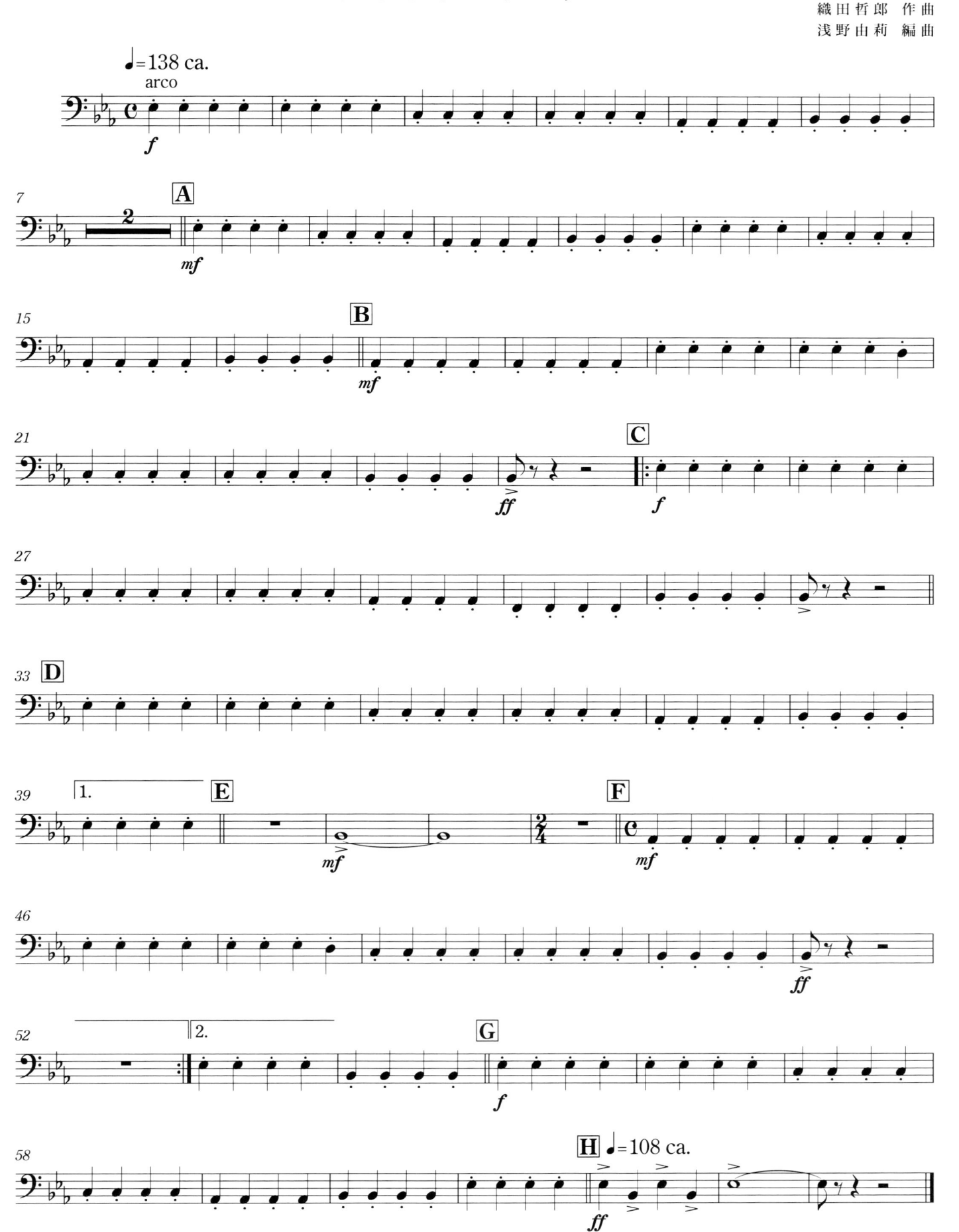

Drums

おどるポンポコリン

織田哲郎 作曲
浅野由莉 編曲

Timpani

おどるポンポコリン

織田哲郎 作曲
浅野由莉 編曲

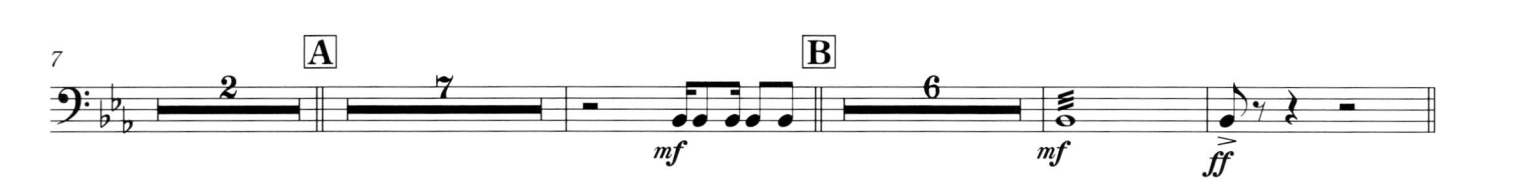

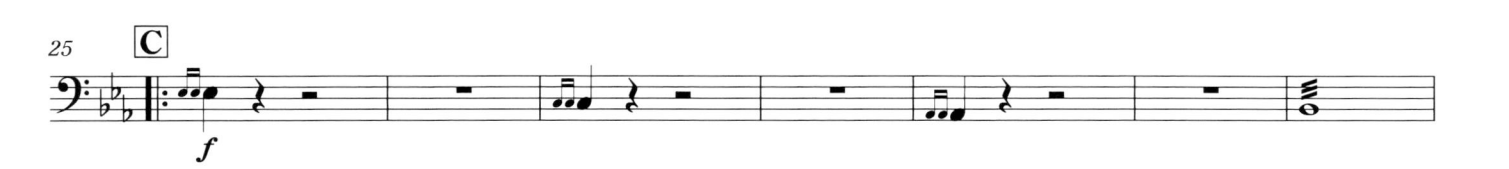

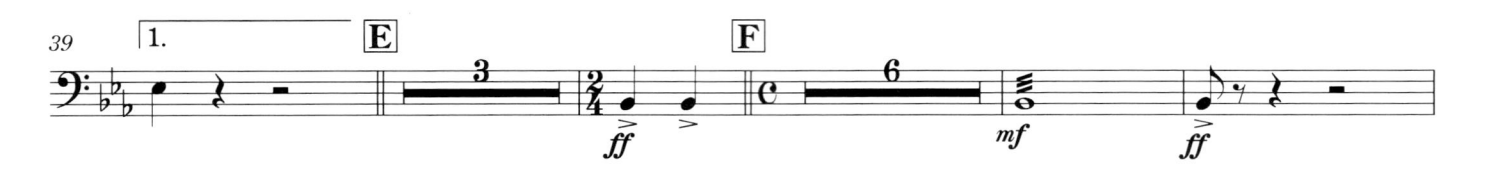

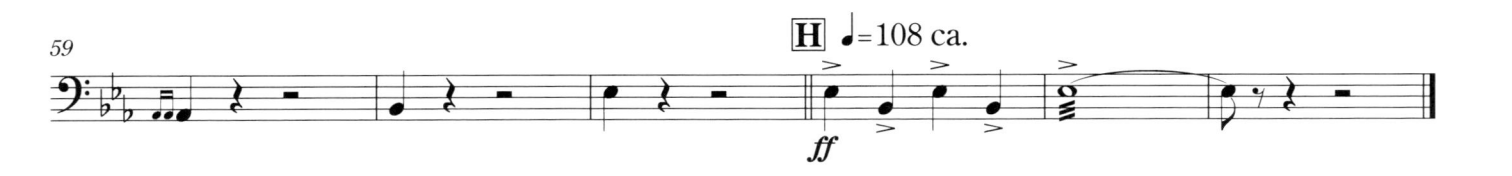

Percussion 1
Timbales

おどるポンポコリン

織田哲郎 作曲
浅野由莉 編曲

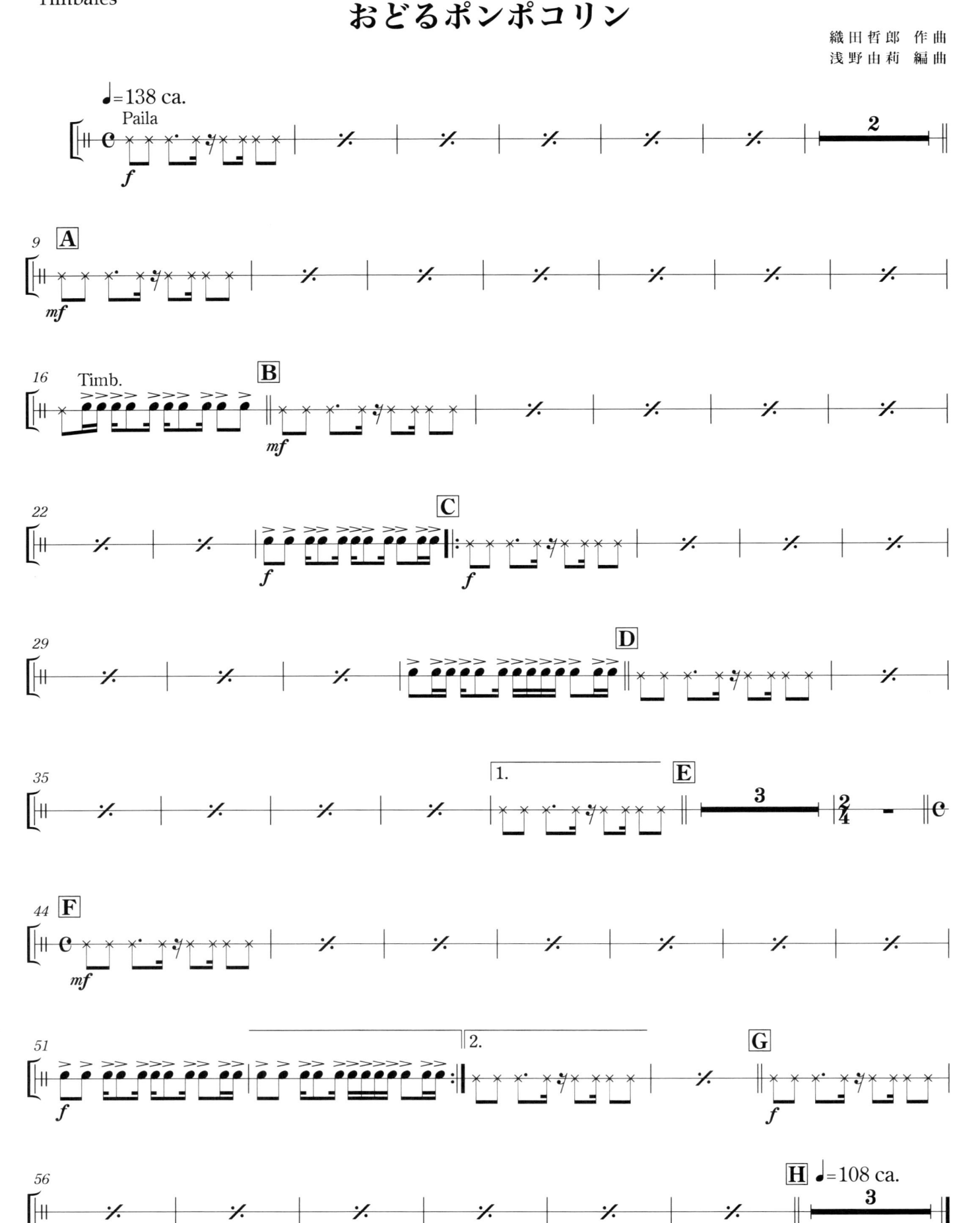

Percussion 2
Tambourine

おどるポンポコリン

織田哲郎 作曲
浅野由莉 編曲

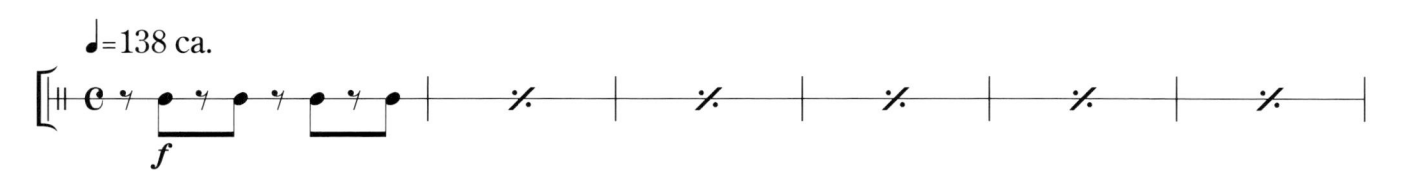

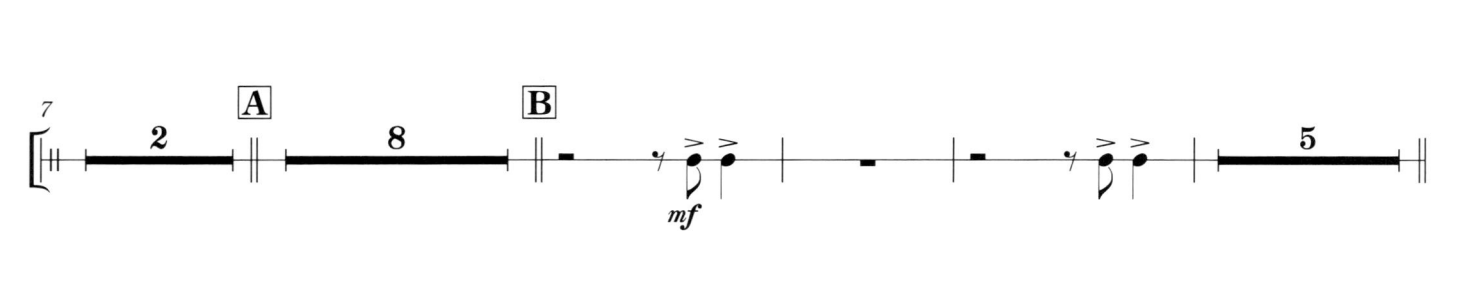

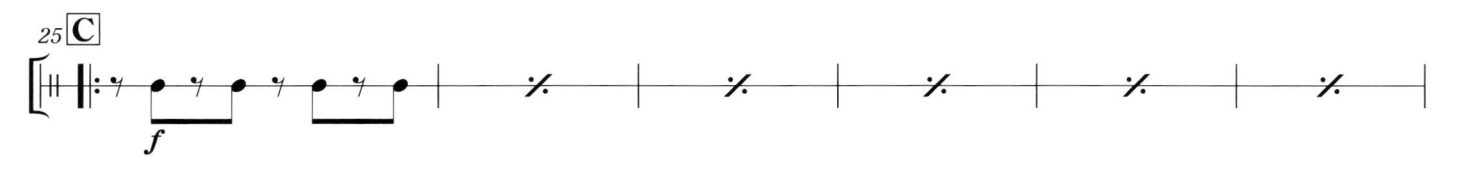

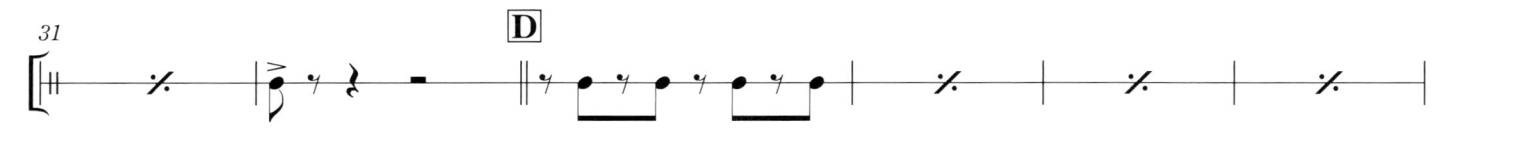

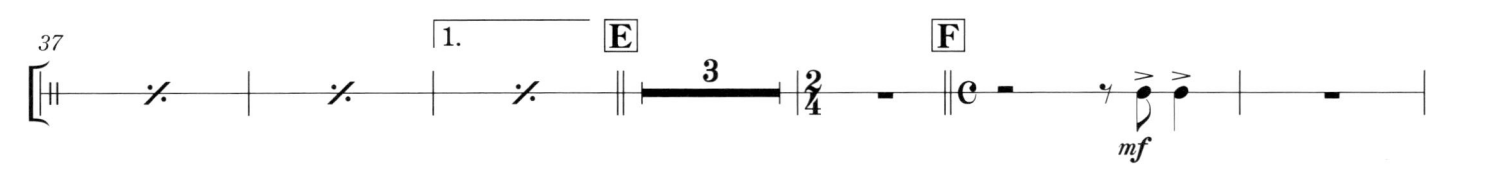

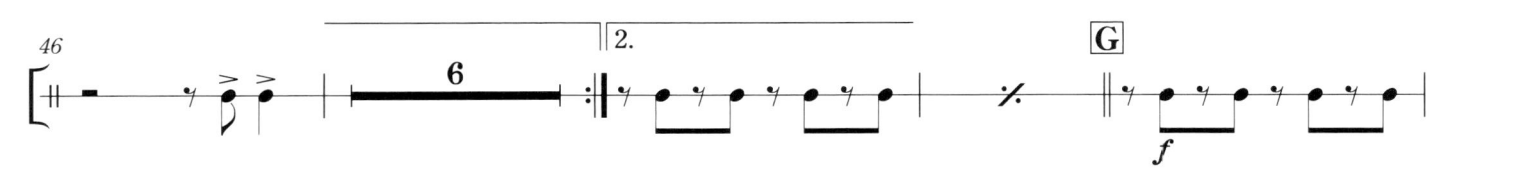

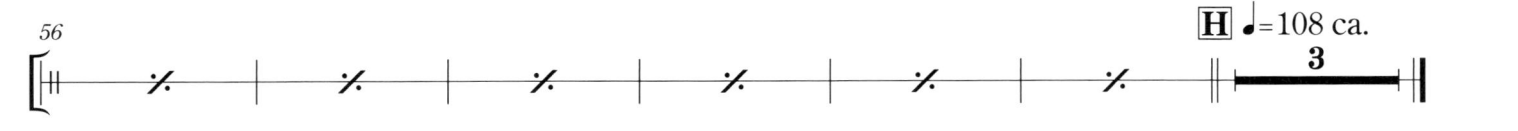

Percussion 3
Glockenspiel, Xylophone

おどるポンポコリン

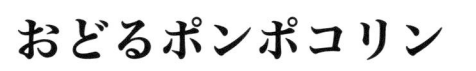

織田哲郎 作曲
浅野由莉 編曲